JN439937

통일의 바다

통제사303년 서사시조집

통일의 바다

초판1쇄 발행 2022년 8월 16일

지은이 이국민
펴낸이 이길안
펴낸곳 세종출판사

주소 부산광역시 중구 흑교로 71번길 12 (보수동2가)
전화 463－5898, 253－2213~5
팩스 248－4880
전자우편 sjpl5898@daum.net

출판등록 제02-01-96

ISBN 979-11-5979-520-6 03810

정가 10,000원

統制使303年 敍事時調集

통일의 바다

統一的海洋

詩 이국민
監修 李蓮智

세종출판사

시인의 말

통제사 이야기를 많이 들려주신 할아버지, 낙도落島 분교 교사로 여러 섬마을을 나를 데리고 다닌 아버지, 시조를 가르쳐 주신 초정 김상옥 선생님, 나의 첫 희곡집 "바다위에 뜬 별"출판기념회 사회를 맡아준 독도탐험대 장철수 대장 모두 고인이 되었지만 이 시집을 탈고하면서 특별히 생각나는 분들이다.

고려 이천 장군, 조선의 이순신 장군과 더불어 이 바다를 지키기 위해 목숨을 바친 바다의 무명용사들 영전에 이 시집을 바친다.

통일의 바다를 이루는 날까지 우리는 그분들과 무언의 약속을 지키기 위하여 끝없는 노력을 아끼지 않아야 할 것이다.

2022년 8월 15일

이국민

차례

001 이순신李舜臣*

지금은 하나가 아닌 하늘과 땅의 바다
갈수도 올수도 없는 사이 강물은 흘러
하나로 통했던 그 바다
다시 잇고 싶은 핏줄

내가 죽은 곳은 노량바다가 아니다
차라리 숨기고자 살아서 욕될 목숨
동짓달 지킨 새벽의 바다
하나 뿐인 이 약속.

* 덕수 이씨. 1대, 3대 통제사. 한산도 제승당에서 통제사 근무.

002 원균元均*

승전한 물 위에서 뿌린 몇갑절의 혈투
역풍으로 몰려온 진격의 명命과 벌罰
오판한 명령이 죽인 삼만 명의 젊음

죽고 싶지 않았던 칠천량 앞바다
그렇게 산화한 청춘은 몇송이 든가
미래는 승리만 기억하네
듣지 않은 수부水夫의 외침.

* 제2대 통제사 원주 원씨, 제승당 근무, 거제 칠천량 해전에서 전사

003 이순신李舜臣*

적군의 발아래 피할 곳이 없는 민초
내 손과 발을 묶어 둔 묘당廟堂나리들
왜장이 받아야 할 벌을 내가 대신 받다니~

원수사元水使 참패 이후 포승줄이 풀려나가
하늘을 보니 어머니 부음 지나가네
오판에 피투성이 바다 언제 씻을 것인가?

한산도 고하도 지나 정박한 고금도
스무 배나 많은 적선 맞서 싸운 명량해전
죽음도 삶도 평등한 노량 앞바다
내 앞에서는 오직 하나.

---

* 1대, 3대 통제사. 2대 원균통제사 참패 후에 다시 3대 통제사가 됨.
  완도 고금도에서 3대 통제사 근무.

004 이시언李時言*

진남관을 다시 짓고 자리 잡은 여수
남은 적들을 찾아 칼을 휘두른 명장
진압한 반란의 공보다 구금되는 이괄의 내응內應.

다시 바다를 넘보는 일본 도쿠가와
우리는 우리끼리 죽이고 또 죽이네
삼백년 뒤 치욕의 일**
눈에 보듯 하구나.

---

* 임진왜란후 잠시 여수가 통제영이 되었음.
전주 이씨. 임진왜란시 많은 공을 세움. 이괄의 난 때문에 처형됨.

** 임진왜란이후 303년 지나 일본은 다시 한국을 공략함.

005 류형柳珩*

전투 중 몸에 박힌
6발의 일제 탄환

오아포와 춘원포를
바쁘게 넘나들며

지금의 통제영 명당 터를
애써 찾고 있었다.

---

* 진주 류씨. 통제영의 업무를 거제와 고성 춘원포로 다니며 보았음.

006 이경준*

남해안을 둘러보다
발이 멈춘 두룡포
여우 토기 뛰노는
잡초 무성한 포구**
갯가는 사람과 때를 만나
다시 태어난 통제영.

중무장한 황당선荒唐船
얼씬도 못한 통영바다
덕천가강 주인선
격침당한 당포 앞바다
최강의 조선수군본부
세병관에 자리 잡다.

---

* 李慶濬 한산韓山이씨 / 경상우수사 겸 통제사 / 1604년, 통제영 현위치 통영으로 옮김.

** 두룡포기사비 인용.

007 이운룡*

일본을 방문할
만방의 준비를 하고
상선上船 2척에서
힘차게 분 대평소
선두를 돌리게 한 바람은
묘당廟堂의 외면이었다.

해협을 평정하고픈
백성의 염원
내 또한 죽음 무릎 쓰고
뛰어 든 바다
충렬사 정당만 세우고
참고 또 참아야 했다.

---

* 李雲龍 재령이씨 / 통영충렬사 정당건립 / 저서〈식성군실기〉2권

008 이기빈*

대마도를 방문하여
적정을 살피고자

멀미나는 몸을 실고
갑판에서 기다린 명命

가득한 누명의 역풍
돛이 올라가지 않았다.

---

* 제8대 통제사 李箕賓 전주이씨/ 1608년2월, 선조사망, 광해군즉위

009 이경준*

남해안을 둘러보다 발 멈춘 두룡포
여우 토기 뛰노는 잡초 무성한 포구**
갯가는 사람과 때를 만나 다시 태어난 통제영.

중무장한 황당선荒唐船 얼씬도 못한 통영
덕천가강 주인선 격침당한 당포 앞바다
최강의 조선수군 본부 세병관에 자리 잡다.

---

* 제6대, 제9대 통제사 李慶濬 한산(韓山)이씨 / 경상우수사 겸 삼도수군통제사 / 1604년, 통제영 현위치 통영으로 옮김.

** 두룡포기사비 인용.

010 우치적*

망일루를 창건하고
공방工房을 개설하니

내 손목을 잡는 때 아닌 부역의 오인

적선에 뛰어 올라 적을 무찌른
기개가 무색하다.

---

* 제10대 통제사 禹致績 단양우씨 / 工匠들을 모아 부역시킴 / 함경북도 병마사로 순직.

011 성우길*

해전은 끝나고
넓은 바다위의 적막

수산업 발전을
도모하고자 모은 식솔

영營에서 건어물 생산
이 또한 벌罰이 되었다.

---

* 제11대 통제사(成佑吉) 창녕성씨 / 사선 다수 제작 / 황현의 역모사건: 사형

012 이정표*

해전마다 흘린 피
피어나는 동백 꽃

한려수도 뱃길 따라
인동忍冬의 불꽃 되었네

부임 온 세병관 안에서
불꽃 모두 태우다.

* 제12대 통제사 이정표(李廷彪) 전의(全義)이씨 / 임진란 이후 왜선 출몰, 납포하여 공을 세움 / 통제사 재임시 순직.

013 이 영*

전쟁은 끝나고
통신사가 필요한 때

왜국의 수작이
묻어오는 파도 사이

수평선 앞날을 걱정하다
숨을 거둔 바닷가.

---

* 제13대 통제사 李英. 본관 전주 / 이경준 통제사 재임시, 경상좌수사 역임 / 통제사 재임시 순직.

014 류지신*

같은 시간에
발령과 초상喪이 나고

소설가 허균도
사형당한 동 시대

한평생 지킨 수평선 위로
두둥실 뜬 목엽선木葉船.

---

* 제14대 통제사 류지신(柳止信) 본관 전주

015 정기룡*

바다에는 이순신
육전에는 정기룡

화살로 쏘아 죽인
왜군과 그 수병水兵들

바다위 은파처럼 빛나는
나전칠기螺鈿漆器 여름바다.

---

* 제15대 정기룡(鄭起龍) 본관 곤양 / 나전 팔첩대병과 활과 화살을 서울로 보내다. 임진난 육전에 공훈.

016 김예직*

군선軍船에 쌀을 싣고
한강漢江까지 운송運送하고

직언直言을 좋아하다
파직罷職 또한 감수하니

팽목항 지날 때마다
힘껏 당긴 돛폭 줄.

* 제16대 통제사 김예직(金禮直) 본관 김해

017 정기룡*

바다에는 이순신
육전에는 정기룡

화살로 쏘아 죽인
왜군과 그 수병水兵들

바다위 은파처럼 빛나는
나전칠기螺鈿漆器 여름바다.

---

* 제15대, 제17대 통제사 정기룡(鄭起龍)본관 곤양 / 재임시 순직.

018 원수신*

삼도三道의 쌀을 배로
옮겨간 평안도

산동의 쌀도 준비된 통영배로 옮기려다

모든 것 수포로 앗아간
소현세자의 죽음.

---

* 제18대 통제사 원수신(元守身)본관 원주 / 인조반정 때 체포 / 재임시 체포 사형

019 구인후*

노루 토끼 노닐고
소금기 낀 바위 언덕
수만 명이 스쳐 지나가다
손이 닿은 두룡포
삼백년 해협을 지키는
진지가 구축되다.

왜적의 몸부림과
반정 두 번의 호란胡亂
있는 힘을 다해 지키고
지킨 바다의 땅
깊숙이 샘솟는 물로
칼을 씻는 세병관洗兵館.

---

* 제19대 통제사 구인후(具仁垕) 본관 능주 / 통제영의 무기를 서울로 다수 보냄. 인조반정 공신.

020 이수일*

왜란倭亂보다 더 험한
남북 내란內亂 속에

칼끝은 동족同族 향해
내려치고 있다

한바다 지키려 해도
밀려드는 일만 파도波濤.

---

* 제20대 이수일(李守一)본관 경주 / 인조가 궁전, 호피 등을 하사함

021 이 항*

만파萬波가 복잡하나
내 임무는 해방海防 수호守護

올려도 받지 않고
믿지 않는 장계狀啓들

능한성凌漢城 곽산 언덕에
충성忠誠스런 돌비석 하나.

---

* 제21대 이항(李沆) 본관 함평 / 무역 시작.

022 구 굉*

조정이 위급할 시
남한산성 달려가고

노 젓는 수부水夫까지
아들같이 돌보다가

한 가족 텃밭으로 가꾼
통제영의 둔전屯田마을.

* 제22대 구굉(具宏) 능주 / 통영둔전 조정과 상의하다.
  형조, 공조, 병조 판서 역임.

023 신경원*

임금과 피를 나눠
마시고 돌아보니

군량軍糧은 부족하여
배를 굶는 병사들

병자년 포위한 호군胡軍
단식斷食으로 항거抗拒하다.

* 제23대 신경원(申景瑗)평산 / 이괄의 난 평정. 병자호란시 부원수로 적에게 생포된 후 석방됨.

024 변 흡*

남쪽 바다 못지않게
힘쓴 강화도 수비守備

서울수로 방어진 삼은
교동부喬桐府 수영水營

그 때도 인천상륙작전의
중요성을 알았다.

---

* 제24대 변흡(邊潝) 원주

025 구인후*

노루 토끼 노닐고
소금기 낀 바위 언덕
수만 명이 스쳐 지나가다
손이 닿은 두룡포
삼백년 해협을 지키는
진지가 구축되다.

왜적의 몸부림과
반정 두 번의 호란胡亂
있는 힘을 다해 지키고
지킨 바다의 땅
깊숙이 샘솟는 물로
칼을 씻는 세병관.

---

* 제25대, 제19대 구인후(具仁垕) 능주 / 한성부판윤. 우이정. 좌이정 역임.

026 신경인*

부산에도 오지 못하고
호남을 막을 수 있는

유일한 기지가
통영임을 역설한 수帥

반도의 전술지리를
꿰뚫고 있는 통제사.

* 제26대 신경인(申景禋)평산/ 가덕도 군진 장계. 두룡포에 본영정착이유 설명/ 신립장군 아들.

027 윤숙*

명청 반정 화살은
어디로 날아가는가?

시간 지나면 역적逆賊되는
영수領首의 명령命令

수평선 바라보다가
말을 돌려 달린다.

*제27대 윤숙(尹璛)해평/ 재임시 병자호란 발발, 행방불명.

028 신경인*

부산에도 오지 못하고
호남을 막을 수 있는

유일한 기지가
통영임을 역설한 수帥

반도의 전술지리를
꿰뚫고 있는 통제사.

---

* 제26대, 제28대 통제사 신경인(申景禋) 평산.

029 류 림*

일본日本정세 탐문探問하고
달려가 호란胡亂참전

총포제조 군사훈련
힘을 다한 수역방어水域防禦

말달려 만주滿洲를 지나
원병군도 지휘하다.

---

* 제29대 류림(柳琳) 진주/ 왜군 차사 방문 받음. 전함, 화구, 갑주 점검 / 병자호란참전.

030 류정익*

남해 바다를 지키다
명청明淸 원병장이 되고

군량軍糧을 묘당에 보내
받은 상도 많은데

아직도 나타나지 않는
통제사의 행방行方.

---

* 第30대 류정익(柳廷益) 문화류씨

031 이 확*

호랑이도 때려잡은
팔척 장신 통제사

심양까지 가서
항거하고 돌아와도

형벌을 남용한다하여
파직내린 사헌부.

* 제31대 이확(李廓) 전주 / 형벌 남용, 병자호란시 남한산성 전투 참전, 호랑이를 때려 잡은 장사.

032 류 림*

일본日本정세 탐문探問하고
달려가 호란胡亂참전

총포제조 군사훈련
힘을 다한 수역방어水域防禦

말달려 만주滿洲를 지나
원병군도 지휘하다.

---

* 제29대, 제32대 류림(柳琳) 진주/ 일본상황 탐문.

033 이현달*

국방을 흔드는
명청明青 중국의 혼전混戰

바다로 육지로
배와 말을 갈아타고

커다란 정변의 물결 속으로
사라져간 이름들.

---

* 제33대 이현달(李顯達)전주/ 병자호란 참전, 효종즉위 후 행불

034 이 완*

통영의 쌀을 싣고
전국을 누비며 전달傳達

벼슬은 고명에 불가한
성곽城郭 개수改修 장인匠人

개인의 영달榮達을 버린
백성百姓만 아끼는 명장名將.

---

* 제34대 이완(李浣) 경주 / 통제영 쌀 1만석을 한강으로 싣고 가다.
  이괄의 난 진압공신

035 김응해*

표류한 상선商船 탐문하여
알아낸 명청교체

염업鹽業을 발전시키고
농어민農漁民 돌본 청백리

지과문止戈門 시건始建과 함께
더욱 다진 창검槍劍.

* 제35대 김응해(金應海) 안동 / 표류중인 중국선박과 51명 선원 납포, 중국의 상황을 듣다.

036 변사기*

봉황성鳳凰城 들녘까지
소현세자昭顯世子 호위護衛하고

통영바다 중국 상선商船 납포
돌려보낸 주사舟師

역사는 내 몸과 이름
돌에 묶어 수장水葬시켜 버렸네.

---

* 第36대 통제사 변사기(邊士紀)본관 원주. 고흥사람
김자점난에 연류되어 옥사함. 보수 학자들은 통제사로 인정하지 않으나 20개월을 근무한 기록이 실록에 있음. 이 통제사 때문에 구서에는 통제사가 208대로 기록되어 있으나 1648.4~1649.11월 까지 근무하였고 재임기간도 평균재임기간 보다도 길며 수원부사 회령부사 시절에는 유능한 인재로 인정받을 정도였음..

037 류정익*

바다를 지키다
명청 원병장이 되고

군량을 묘당에 보내
받은 상도 많은데

아직도 나타나지 않는
통제사의 행방.

---

* 제37대 제30대 류정익(柳廷益) 문화. 통제영 곡식을 은으로 바꾸어 비변사 상평청으로 보냄.

038 황 헌*

하멜을 데려다가
서울로 보낸 장수將帥

파도보다 더 거센
역모逆謀사건의 현장

파도波濤도 돌아서 가네
역모逆謀 반정의 바다.

---

* 제38대 황헌(黃瀗) 창원/ 심기원 역모고발사건에 공을 세움

039 이원로*

내일의 적敵이 되는
오늘의 동맹同盟 전우戰友

또 언제 올지 모르는
수평선水平線 건너 왜적

당파黨派는 왜적의 침입侵入을
손짓하고 있구나.

* 제39대 이원로(李元老)전주/ 심기원, 황헌 역모사건 공신이나, 다른 혐의로 유배 후 행불.

040 남두병*

대를 이어 지킨 바다
내란內亂도 잠이 든다.

북벌北伐의 군기軍器를
포수청砲手廳에 쌓아두고

명령만 기다리다가
맞이하는 저녁놀.

---

* 제40대 남두병(南斗柄) 의령

041 류혁연*

열무정閱武亭 창건하여
활쏘기를 즐기다.

효종이 내린 말 타고
기회만 보는 북벌北伐

적장의 눈을 조준照準하며
매일 쏘는 화살촉.

* 제41대 류혁연(柳赫然) 진주 / 효종의 불벌계획에 중용 / 형조참판, 공조참판, 병조참판, 공조판서 역임.

042 정 익*

통제영 남문 앞에
상시商市를 개설하고

병사 못지않게 돌본
농어민農漁民의 살림살이

만인萬人의 부러움을 산
바람 탄 그의 홍포紅袍.

---

* 제42대 정익(鄭榏) 해주/ 5형제가 모두 무관 가문, 호조참판, 형조참판, 한성부판윤 역임.

043 조필달*

영호남에 휘날리는
호남육군사령기湖南陸軍司令旗

움켜진 장검 한 자루
유품遺品으로 남다

북벌의 기회機會만 보다
떠나가는 바다와 땅.

* 제43대 조필달(趙必達) 김제/ 효종의 북벌계획에 참여,
전북김제시 동진수리민속박물관에 유품 전시

044 김 적*

흉작凶作과 수재水災로
근심 찬 조선朝鮮 백성

나체裸體로 초상을 치는
회괴한 풍경風景 난립亂立

누구를 위한 세월歲月이냐
나이도 죄罪가 되나니

---

* 제44대 김적(金逷) 재임시 고령과 건강으로 권고사직.
  효종사망, 현종즉위년 / 수재와 흉작.

045 박경지*

목화木花를 요구하는
조정朝廷제신諸臣 뒤로하고

바다로 갈 길을 돌리는
삼도 수군 통제사

훈련訓練에 치친 병사兵士들에게
직접 덮어준 솜 이불

---

* 제45대 박경지(朴敬祉) 밀양 / 효종의 북벌계획에 참여. 新歷 신력인쇄.

046 김시성*

두 마리 호랑이를
활을 쏘아 직접 잡고

곤장으로 부산釜山첨사僉使를
징벌한 수국水國장사壯士

달리는 말의 앞길을 막는
복어 몇 마리

---

* 제46대 김시성(金是聲) 청도 / 복어를 조정실세 김우명 집에 보냄. 통영충렬사 사액 수령

047 정부현*

강화도江華島로 옮긴
통영의 대포 이백문

정비를 철저히한
강구안 좌우 탐선

근무중 독촉한 모곡耗穀으로
체포되어 사라지다.

---

* 제47대정부현(鄭傅賢) 영일 / 통제영 정철차 포 200문과 다수의 무기를 강화도로 보냄. 모곡독촉으로 체포.

048 박경지*

목화木花를 요구하는
조정朝廷제신諸臣 뒤로하고

바다로 갈 길을 돌리는
삼도 수군 통제사

훈련訓練에 치친 병사兵士들에게
직접 덮어준 목화木花 이불.

---

* 제48대 박경지(朴敬祉) 밀양 / 제45대 통제사중임. 청탁문제로 체포 / 한성부좌윤 역임.

049 이지형*

부산釜山동래
금정金井산성山城을 요새화하고

군함軍艦을 개조改造하여
높혀 나간 수군水軍 기동성機動性

바다를 지키려하는 장수將帥를
치는 북풍北風 사관원.

* 제49대 이지형(李枝馨) 전의 / 경상좌수영 부산 금정산성 요세화 주장.

050 이도빈*

태풍이 된 남쪽 바다에
퍼진 풍토병風土病

병든 몸으로 둔전의
폐단弊端을 거론擧論

험준한 섬을 지나면
파도치는 정벌욕.

---

* 제50대 이도빈(李道彬) 廣州/ 둔전의 폐단지적, 풍토병에 시달림.

051 류비연*

강화교동 화개산성
석벽石壁을 고쳐쌓고

주식酒食과 군포軍布낭비로
받은 탄핵 상소

서인의 바람에 밀려
돌아간 고향집

---

* 제51대 류비연(柳斐然) 진주/ 4인의 통제사 집안, 김석주의 탄핵으로 파직.

052 김 경*

명정골 충렬사忠烈祠에
동제東齊 서제西齊 세우고

정당샘 완공으로
베푼 음수飮水의 은혜恩惠

반천년半天年 흐르는 물로
지금도 손을 씻는다.

* 제52대 김경(金鏡) 경주/ 통영충렬사 동재, 서재 건립.
  조총제작 불량으로 남해현으로 유배

053 류여량*

기근饑饉과 여역으로
사망자는 늘어가고

단오절端午節 부채를
오인誤認한 옥당의 처리

역질疫疾은 장군도 나라도
손을 쓸 수 없구나.

---

* 제53대 류여량(柳汝樑) 약목 / 기근과 흉작으로 백성들 다수사망,

054 신여철*

통제사를 갈아치운
역질疫疾과 풍토병風土病

재해로 피해 입은
군졸들을 살피다

칼로도 벨 수 없는 역질疫疾
바닷물로 씻는다.

---

* 제54대 신여철(申汝哲) 평산 / 부임 후 향토병 얻어 고생.
  형조, 호조, 병조 3조의 판서를 모두 역임.

055 이지원*

할 일은 산적하고
훈련 또한 중요한데

멀리멀리 보내라
역질 또한 외적이다

화살도 죽이지 못한
보이지 않는 적敵.

*제55대 이지원(李枝遠) 전의 / 풍토병으로 사임, 당시 5~6년 통영지방 풍토병피해 확산. 임기를 1년으로 줄임 검토.

056 노 정*

태풍颱風 속으로 모두
내 몰아 버린 역질

칠순에도 제수 받은
건강한 총융사

바다와 바람에 강한
백신의 장수將帥여!

---

* 第56대 노정(盧錠) 풍천 /
당시 풍토병 확산으로 통제사발령에 차질이 있었음.
풍토병과 역질은 지금의 코로나19 같은 전염성 강한 일종의 유행성 질환.
노정통제사가 건강하게 만기를 채움으로 임기가 다시 2년으로 회복됨.

057 신류*

적장敵將 스테파노프 선대와
러시아군軍 270명을 사살射殺

러시아도 벌벌 떤
조선 삼도수군통제사 신류

당대의 조선朝鮮수군水軍은
세계 최강 이었다.

---

* 제57대 신류(申瀏) 평산 / 러시아 스테파노프 군 격파(10척 선단 격파. 270명 사살), 저서〈북정일기〉

058 윤천뢰*

미륵산彌勒山 정수사淨水寺**
통영성統營城 축성築城공사

강화도 돈대墩臺 또한
수장首將의 작품

성城 쌓는 돌 부딪치는 소리
낙엽소리로 퍼지는 바다.

---

* 제58대 윤천뢰(尹天賚) 파평 / 강화도 돈대공사 총감독
** 지금의 통영 미륵산 용화사

059 이인하*

비장裨將을 보내 안부 물은
유배길 송시열宋時烈

주찬酒饌 또한 죄목罪目에
걸려 삭출削黜된 장군將軍

강군强軍의 끈을 자르는
붕당朋黨의 삭풍朔風이여!

* 제59대 이인하(李仁夏) 경주 / 3대 이은 통제사가문. 거제도로 유배 가는 송시열을 후하게 대접하여 체포.

060 전동흘*

장화 홍련 원혼冤魂도
풀어준 철산부사

부관청 선고직청
창건하고 통제영統制營정비整備

영내營內의 농어민農漁民들이
생사당生祠堂 짓고 제향하다.

---

* 제60대 전동흘(全東屹) 천안 / 철산부사 재임시 장화 홍련의 억울한 원혼을 풀어 줌.

061 민 섬*

요직要職을 수차數次에 걸쳐
사임辭任을 원願해도

청백리淸白吏로 발탁돼
재기용된 무장武將

뜨락에 선 충렬묘비가
혼자 기억記憶하고 있네.

---

* 제61대 민섬(閔暹) 여흥 / 통영충렬사 충렬묘비 건립. 청백리로 뽑힘.

062 원 상*

원문에 새로 세운
누각樓閣과 원문성

서울은 경신환국庚申換局
남인들이 몰락하니

원문루 활을 거두고
다시 말을 달리다.

---

* 제62대 원상(元相) 원주 / 숙종조, 장희빈 활동시대.
통제사 재임 후 다른 기록 없음.

063 변국환*

구름에 가린 봉수烽燧
서울까지 못가네

두억포 진지와 계획한
봉수대 확보確保

아깝다 해방海防의 요해要害
상소만 올리다.

---

* 제63대 변국한(邊國翰) 원주 / 한산도 두억포에 방어진 설치 검토

064 김세익*

조실 부모하고 특채된
국궁國弓 명사수

세병관 중수 한 후
승지가 된 무장武將

눈썹이 아름다워서
화살 또한 빨랐다.

---

* 제64대 김세익(金世翊) 안동 / 국궁 명사수로 특채. 한성부좌윤 역임.

065 류중기*

악사樂士들의 나팔소리
들리는 취고수청

날로 하늘을 찌른
수군水軍들의 사기使氣

북소리 삼현육갑 음률音律
휘날리는 홍수紅袖.

* 第65대 류중기(柳重起) 문화 / 통제영 악사 관청 취고수청 설립.

066 이세선*

진지구축陣地構築 위해
방문한 욕지도 천왕봉

기죽전旗竹田 조성하여
생산한 활과 화살

자연도紫燕島 행궁을 손봐
요새화 시킨 전략가戰略家.

* 第66대 이세선(李世選) 전의 / 통제영 주변 섬, 욕지도를 비롯 대대적인 도서지방 순찰로 수역방위 점검.

067 신여철*

통제사를 갈아치운
역질疫疾과 풍토병風土病

재해災害로 피해 입은
군졸軍卒들을 살피다

칼로도 벨 수 없는 역질疫疾
바닷물로 씻는다.

---

* 제67대 신여철(申汝哲) 평산 / 훈련대장 겸 병조판서를 지내다
  제54대 통제사로 다시 발령받음.

068 이성뢰*

부임 한달만에
사임하게 된 부친상父親喪

묘당廟堂은 장희빈張禧嬪 일로
환국換局 정세로 들어가니

된서리 죽산(竹山)에 내려
사로잡은 이인좌李麟佐.

* 제68대 이성뢰(李聖賚) 전주 / 3대 직계 통제사가문. 재임중 장희빈사건. 송시열 사사등 옥사가 계속됨.

069 심 박*

바다로 육지로 배船 말馬
갈아타고 지킨 땅

희빈 장씨 바람이
삭풍朔風되어 불어 오네

사판仕版에 이름지우고
바다로 떠나는 나그네.

---

*제69대 심박(沈樸) 청송 / 유배를 시키자는 상소를 임금이 듣지 않음.

070 목림기*

식송정에서 쏜 화살
북포루에 떨어진 까치

해방海防 수호守護
멀미한 판옥선板屋船에서 잠 못 들어

송시열宋時烈 다시 살아서 돌아와도
파도치는 한바다.

* 제70대통제사 목림기(睦林奇) 사천목씨 / 사간 박정만이 목림기와 장희빈의 오빠 장희재는 직위에 부적합한 인물로 상소함.

071 최 숙*

청소년青少年 교육教育 중시한
충렬사忠烈祠 경충재

문하생門下生 가르치며
저술한 병학지남兵學指南

동백꽃 만발한 충렬사 서원書院
심혈心血 가득한 그 꽃잎.

---

* 제71대 최숙(崔橚) 본관 수성/ 통영충렬사 경충재 건립.
저서<병학지남>남김.

072 김중기*

사패지賜牌地를 마련하여
관장한 연대도

숨겨준 반란군叛亂軍
이유익은 일가 친척

푸른 물 푸른 파도 위로
날아오는 묘당廟堂의 칼.

* 제72대 김중기(金重器) 안동 / 통영충렬사 숭무당건립.
  연대도 사패지 지정.

073 이기하*

전차와 도법刀法을
새로 도입한 복장福將

가는 곳마다 성곽城郭 축조築造
전국全國을 요새화

팔족자 새로 만들어 위용
갖춘 통제영統制營.

---

* 제73대 이기하(李基夏) 한산 / 신도법 채용. 새 전차제작 전력함.
형조, 병조 참판역임.

074 정홍좌*

수군水軍의 사기使氣와 북소리
울리는 기생청妓生廳

일본 간 안용복安龍福
독도獨島 영유권 주장하고

우산도 출몰하는 왜인
다시 못 오게 하다.

---

* 제74대 정홍좌(鄭弘佐) 초계 / 울릉도와 우산도[독도]를 우리 국토로 규정. 해상지도제작.

075 이홍술*

측량測量한 한산도閑山島
면세지免稅地로 선포하고

불탄 수항루受降樓
온 힘 다해 복원復元해도

누명은 청백리 통제사를
고문拷問으로 죽이다.

* 第75대 이홍술(李弘述)전주/ 숙종사망 後, 김일경의 고문으로 옥사, 사후 복권됨

076 민 함*

부과금도 분할分割로 받은
욕지도 왕자방

애쓴 공방의 진상을
절첩시킨 가슴팍

왕후王后의 안녕과 건강의 파도
판옥선板屋船도 뒤집는다.

---

* 제76대 민함(閔涵) 여흥/ 연잉군(훗날,영조)에게 선물한 명목으로 탄핵받음. 숙종비 인현왕후 민씨의 죽음과 함께 행불됨.

077 류성추*

사화士禍태풍 때마다
죽어나간 통제사

파도는 아랑곳없이
방파제防波堤를 부순다

차라리 돌벽수로 남아
동남東南바다 지키네.

* 제77대 류성추(柳星樞) 진주 / 3명의 통제사 배출가문.
  통제사 이후 유배, 충청도수사 재임명 순직

078 원덕휘*

장희빈 자진自盡할 때
통영統營에 내려 왔네

첫눈 맞으며 부임赴任
얼음 녹기 전에 떠나네

돌벅수 앞에 술잔 따르고
봄꽃 따라 훌훌 떠나네.

---

* 제78대 원덕휘(元德徽) 원주/ 장희빈 사약 이후, 행불.

079 홍하명*

두만강도 범람氾濫하고
바닷물도 넘쳐나고

갈수록 노 젓는 격군格軍
힘은 빠져 가는데

돛대는 꺾어져 내리고
바람 또한 맞바람.

*제79대 홍하명(洪夏明) 남양/ 함경북도 병마사 재임시 강물범람 대책 장계

080 이창조*

미나리 밭 가꾸고
측량測量하여 산성소에 배속配屬

수군水軍개편 주장主張하다
투옥投獄 당한 통제사

판옥선板屋船 방뱡키를 거꾸로 돌려놓은
역사歷史의 누명陋名.

* 제80대 이창조(李昌肇)전의/ 수군개편상소문[임진란이후, 통제사 가운데 가장 긴 보고서]작성 보고서가 너무 길고 함께 연대 서명한 사람들이 많아 묘당(정부)을 위협한다는 누명으로 수차 투옥됨.

081 이상전*

사라진 명나라를
잊지 못한 군신君臣들

창덕궁 뜰 앞
명조明祖 제사지낸 대보단

바다로 흘러간 물 어찌 다시
습지濕地로 돌아 올 수 있는가?

* 제81대 이상전(李尙銓) 전주 / 무림군파. 4인의 통제사를 배출한 가문

082 남오성*

가족 같이 잘 들어준
장인匠人의 고충苦衷

법法도 군율軍律도
율사律師처럼 지켰는데

억새풀 무성한 언덕에
댕그랗게 남은 작은 빗돌 하나.

---

* 제82대 남오성(南五星) 의령/ 삼천포진 소속 13명의 군인을 징벌함.

083 오중주*

네 성문城門 세 누각樓閣
모두 완성完成 시키고

열두 관청官廳에 청사廳使와
인원人員을 보충補充시켰네

독서讀書와 승마乘馬 즐기며
조용히 보낸 여생餘生.

---

* 제83대 오중주(吳重周) 해주/ 이인좌의 난 평정한 공신.

084 정홍좌*

수군水軍의 사기使氣와 북소리
들리는 기생청妓生廳

일본 간 안용복安龍福
독도 영유권 주장하고

우산도 출몰하는 왜인
다시 못 오게 하다.

---

* 제84대 정홍좌(鄭弘佐) 초계 / 48대 통제사 중임. 독도 국토확인. 장길산 난 발발.

085 조이중*

전복全鰒 조개로 만든
수부水夫의 즐거운 일상日常

무기武器와 포목布木도
양무창養武倉에 가득 찼네!

이 또한 탄핵거리로
파직罷職 청한 사헌부

* 제85대 조이중(趙爾重) 양주 / 찬함 등의 소품을 서울로 많이 보냄

086 김중원*

가난한 농어민農漁民에게
나누어 준 곡식穀食

해산물海産物도 가공하여
해현고에 보관保管하고

더더욱 병기兵器생산生産도 힘써
군민軍民들이 세운 송덕비頌德碑.

* 제86대 김중원(金重元) 안동 / 가난한 백성을 돌봄

087 이우항*

된 서리 맞은 대代를 이은
통제사 가문家門

무예武藝와 군사 통솔統率
비길 데 없는 수장首將

형장刑場의 이슬로 끌고 간 사화士禍태풍
다시는 오지 마라.

---

* 제87대 이우항(李宇恒) 광주 / 49대 이도빈 통제사의 아들,
신임사화 사형.

088 이석관*

궁술弓術 마술馬術에 능한
월천집 저자著者 시인장군

국운을 새롭게
주창하고 나선 외적 섬멸殲滅

세병관 가을 뜰 위에
떨어진 국화菊花 한송이.

---

* 제88대 이석관(李碩寬) 연안 / 장문의 저서 남김. 시문집 "월천집".
  통제사 재임시 순직

089 이 택*

청정해역 가득찬 물
세상일 다 잊고서

섬 주민住民과 수방水防의 일만
챙기고 또 살피다

평생平生을 지켜온 바다
시조時調 두 수 남아있네.

---

* 제89대 이택(李澤) 전주 / 문예에 조예가 깊은 시조시인.

090 윤 각*

백두산白頭山 경계선境界線과
가덕도 둔전屯田 설치

공로功勞는 태산인데
장살杖殺이 왠 말이냐

형틀 앞 늠름한 통제사
다시 묻지 못할 죄罪.

* 제90대 윤각(尹慤) 함안 / 숙종과 이이명의 정유독대.
의금부 투옥 장살 당함. 사후 명예회복 복권됨.

091 이상집*

형장의 이슬이 된
빙상氷霜같은 지조志操

충성을 모진 고문拷問으로
갚는 묘당廟堂의 승지承旨

사후死後에 복원한 명예名譽
분향焚香한들 무엇 하리.

* 제91대 이상집(李尙鏶) 전주 / 무림군파. 4인의 통제사 배출.
  신임사화 모진 고문으로 옥중사망.

092 오중주*

네 성문 세 누각
모두 완성시키고

열두 관청에 청사와
인원을 보충시켰네

독서와 승마乘馬 즐기며
조용히 보낸 여생餘生.

---

* 제92대 오중주(吳重周) 해주 / 제83대 중임.
목포 고하도에 "이순신장군전공기념비" 착공. 이인좌의 난 평정.
신임사화 유배. 한성부좌윤 역임.

093 김중기*

사패지賜牌地를 마련하여
관장한 연대도

숨겨준 반란군叛亂軍
이유익은 일가친척

푸른 물 푸른 파도 위로
다가오는 묘당廟堂의 칼.

* 제93대 김중기(金重器) 안동 / 제72대 중임. 숙종사망, 경종취임.
이인좌 난 연유 투옥 중 처형.

094 이수민*

다시 분 사화士禍태풍
유배지로 가는 길목

구면舊面이라 인사 한번
철퇴鐵槌 맞은 탄핵상소

원한과 원한으로 이어지는
알 수 없는 눈초리.

---

* 제94대 이수민(李壽民) 청해 / 신임사화, 김창집이 유배 중 통영을 지나자, 원문에 나가 인사하고 비장을 시켜 호위케 하여, 이 일로 탄핵 받고, 유배생활 1년 후 사망

095 이봉상*

대대代代로 이어 온
충무 가문이었지만

이인좌의 칼 끝에
전사戰死한 충의忠義

이 나라 진정한 적군敵軍은
대체 누구란 말인가?

---

* 제95대 이봉상(李鳳祥) 덕수 / 이순신장군 5대손.
목포 고하도 "이충무공기념비" 완성. 이인좌의 난에 전사

096 신익하*

문文보다 무武를 존중하는
가훈家訓에 따라

바쁘게 달린 말馬과
배船를 쫓아온 포구

춘삼월春三月 도착한 세병관
다시 못 보는 잔인한 4월.

* 제96대 신익하(申翊夏) 평산 / 통제사 부임 1달만에 순직하다.

097 남태징*

역풍逆風의 피해에
거듭 퍼 붓는 폭우

물 건너 왜적은
선박船舶 가득 무기 사들이고

우리는 우리끼리 싸우다
떠나보낸 세월바다.

---

*제97대 남태징(南泰徵) 의령 / 이인좌 난에 연유 참형 당함.

098 윤오상*

장수長壽도 요직要職 사양辭讓도
죄가 된 무가武家

파도치는 사간원의 징계
판옥선板屋船에 부딪히고

동력선動力船 만들어가는 왜적倭敵
거두어 들인 돛대와 노.

* 제98대 윤오상(尹五商) 함안 / 57대 윤천뢰 통제사의 아들.
1724년 8월, 경종사망, 영조즉위

099 이재항*

옻나무 심어 선박船舶에
옻칠로 방수防水 처리

양학당 세워 후진 양성에도
크게 기여寄與

북풍北風도 서첩書帖에 남은 글씨를
지우지는 못했다.

---

* 제99대 이재항(李載恒) 전주 / 덕흥대원군파. 옻칠사용기록.
  서예의 대가. 〈이재항서첩〉 남김.

100 이복연*

아직도 나무로
전선戰船을 건조建造하고

나무의 주인을
가려 뽑고 베는 일들

바다에 뜬 목선木船이라도
바람에만 의지할 수는 없다.

---

* 제100대 이복연(李復淵) 전주 / 군함재목 사유화, 국유화 폐단 상소

101 김 흡*

의생청醫生廳 만들어
병든 병사를 치료시키다

화공畵工시켜 단청丹靑으로
수놓은 세병관

갑옷도 벗지 않은 채
말위에서 거둔 숨.

---

* 제101대 김흡(金潝) 안동 / 군공별록 수정작업, 어영대장 근무 중 순직.

102 이수량*

반란군叛亂軍의 목을 수겁 벤
3대 무반武班 가문家門

부서기청 신설하여
다시 잡은 행정체계

칼을 든 명장 앞에는
폭풍도 폭우도 떨었다.

---

* 제102대 이수량(李遂良) 전주 / 계성군파.3대 통제사배출가문.
이인좌 일파를 사로잡은 공신.

103 정수송*

원성을 들어도
할 일을 한 억척 수부水夫

구호물자 보관할
진휼창도 설치하고

한산도 징수徵收전답田畓을
다시 돌린 면세지免稅地.

---

* 제103대 정수송(鄭壽松) 영일 / 만기근무

104 박찬신*

일흔 일곱까지
무장武將으로 일했지만

숫한 탄핵속에
효시당한 불굴의 무부武夫

세병관 도착한 봄날
봄꽃보다 먼저 낙화하다.

---

* 제104대 박찬신(朴纘新) 함양 / 역모혐의를 받아 처형됨

105 김 집*

사화士禍 태풍속에
반란의 휘용돌이 속에

지키고 살핀 통제영의
어부와 농민 병졸

태풍도 반란**도 잠시 쉰 틈
통제사도 사라졌다.

---

* 제105대 김집(金潗) 안동 / 4대로 통제사 배출가문.
통제사 만기근무 후 10개월 연장근무 후 행불.

** 이인좌의 난.

106 윤택정*

진주에서 무과武科 시험
응시應試토록 상소上訴하고

무지개 모양으로
만들어 세운 홍예문

남문루南門樓 고쳐짓고서
누전樓前에 선 해방海防시장.

---

* 제106대 윤택정(尹宅鼎) 파평 / 지방무과 과거를 경남 진주에서 치루는 장계 올림.

107 구성익*

거제부사의 압송押送을 막아
탄핵되고

변방 무기 관리
방안을 장계하다

도처로 잡혀 다니다
멈춰선 유배지流配地.

---

* 제107대 구성익(具聖益) 능주 / 의금부 심문차 잡혀가는 거제부사 김여호 압송을 정지시킴.

108 조 경*

큰 일을 도모하려
석빙고石氷庫에 채운 얼음

폐허廢墟된 한산도閑山島
제승당도 중수하고

꿈꾸던 바다의 강국强國
동간 난 비석碑石으로 남았네.

* 제108대 조경(趙儆) 평양 / 폐허된 한산도 제승당 중건.

109 송징래*

땔감나무 숯을 생산하며
걱정한 부하 급료

장서藏書도 마련하여
잘 돌본 후세 교육

성가퀴 쌓아놓고서
떠나버린 바닷가.

* 第109대 송징래(宋徵來) 여산

110 이 우*

망일암 창건하고
매화정 둘러보다

비 내리는 통영 바다
우산을 받혀 써니

사헌부 관리들이 모두
통영 우산 탐하였다.

* 제110대 이우(李玗) 경주/ 서울관리들이 통영 기름종이 우산을 서로 가지려 했다는 기록이 영조실록60권에 있음.

111 이의풍*

사슴 방목으로 녹용鹿茸
진상한 욕지도

아녀자를 보호保護하다
탄핵도 받았으나

서민庶民을 상전上典처럼 모시다
상처 입은 둔부臀部.

* 제111대 이의풍(李義豊) 전의 / 전의이씨 14명 통제사중 13인을 배출한 대사성공파 가문. 어영대장 근무 중 순직

112 이언상*

수륙水陸의 군민軍民과
군기軍器 정비를 하다

충렬사 전곡典穀 두 명
증원한 파총대리

돛폭을 과장보고로 인해
책임 물은 사헌부.

* 제112대 이언상(李彦祥) 덕수 / 군기보수 과정보고 파직

113 장태소*

망일루와 신흥문에
편액을 써 걸고

두 아들 잘 키워서
나라에 바친 기둥

영내營內와 일가친척 모두
잔잔한 바다처럼 평안하였다.

---

* 제113대 장태소(張泰紹) 인동 / 한성부좌윤 역임. 전라도 영암에 유배.

114 정찬술*

각진 혁파 상소의
부당함을 강조하고

해구海口와 방수防守의
중요성을 역설하다

상경한 교자轎子행렬로
절도絕島에 유배되다.

---

* 제114대 정찬술(鄭纘述) 영일 / 정몽주 11대손.

115 구선행*

군포 감면 시킨
견내량과 한산도 주민
생활보호 대상자를
선발하여 보살피다
은덕恩德을 잊지 못한 농어민農漁民
생사당生祠堂 지어 제향祭香하다.

파도는 하늘에 닿고
바위섬은 바둑판
쌀 한가마 생산 못하는
섬마을 풍경風景
군민軍民을 자식처럼 보살펴
기르고자 한 해방海防의 힘.

---

* 제115대 구선행(具善行) 능주 / 3대 통제사 가문.
한산도, 견내량에 궁핍한 주민 군포감면 건의

116 조동점*

쇠고리로 전선戰船을
엮어 태풍 막고

국가國家의 곡식穀食들도
배로 운반하여 보관하다

묘당廟堂의 불편한 처사에
단식으로 떠난 한바다.

* 제116대 조동점(趙東漸) 평양 / 국가양식을 통제영에서 보관.
  사촌형제 조동정이 옥사하자 단식투쟁하다 사망.

117 김 윤*

붕당朋黨과 편사便私의 태풍颱風
갑판甲板에서 이겨 내고

병사의 건강을 해치는
거듭된 기근饑饉

목숨도 초계같이 버린
망망茫茫 대해大海 유배지.

---

* 제117대 김윤(金潤) / 이하징의 사건에 연좌되어 파직 유배지 사망.

118 이장오*

수항루 중수重修하여
시위를 당겨 본다

다시 만들어 바람에 펄럭이는
선기船旗와 영기令旗

대취타 종묘까지 울리고
위리안치된 명궁사.

* 제118대 이장오(李章吾) 전주 / 효령대군파 3대 통제사 가문.
국궁 명사수

119 이경철*

영등진을 이전 설치한
거제 둔덕 학산

소실된 해군화포청
다시 짓고 세우다

노 젓는 격군의 노고를
들어 다시 고쳐 만든 노.

---

* 제119대 이경철(李景喆) 전주 / 거제군 둔덕면 학산리에 영등진 설치.

120 오 혁*

착량교 길을 닦고
흙을 메운 굴량교

포구浦口의 수심水深도 측량測量
토사土砂도 제거除去하니

태풍도 수군水軍의 휴식休息을
방해妨害하지 못하네.

---

* 제120대 오혁(吳琰)해주

121 이윤성*

전마戰馬 양마 전문가
제주목사 지낸 수장首將

몇 번의 파직 달게 받고
기다린 사령司令

탄핵도 장마를 피한 맹호猛虎를
없애지는 못했다.

* 제121대 이윤성(李潤成) 전의 / 대사성공파. 양마에 공이 큰 장군.
  만주 말 수입 제주방목 양마.

122 이태상*

고하도高下島 별장別將 설치
장계 후 받은 파직

사도세자 죽음과
한날 한시 내린 뇌성雷聲

오대五代로 충성한 무신武臣
착량다리 건너다.

---

* 第122대 이태상(李泰祥) 덕수 / 이순신장군 후손.
  파면시간과 사도세자 사망과 일치.

123 이은춘*

철벽처럼 튼튼한
해방海防과 육지방어

마음 놓고 추수하고
울려 퍼지는 농악農樂

해풍海風도 삭풍朔風도 없는 바다
두둥실 떠 있는 판옥선板屋船.

* 第123대 이은춘(李殷春) 전주 / 계성군파. 3대 통제사 배출가문.
중앙군부의 총사령관은 필히 통제사를 역임한 자에 한해서 임명하겠다는 영조의 칙령하달.

124 정여직*

중수한 열무정에서
당겨보는 활 시위

선치수령 피선되어
표창까지 받아도

금주령 어긴 부하병사
남양 유배길 떠나는 수장首將.

* 제124대 정여직(鄭汝稷) 초계 / 선치수령[선정을 편 단체장]표창 받음.
한성부우윤 역임.

125 윤태연*

빈민貧民들의 생활고生活苦
해결한 보민고庫

끝내는 밀수업자로
오인 받아 유배길

왕실의 자리싸움에
형장刑場의 이슬되다.

* 제125대 윤태연(尹泰淵) 함안 / 세금과잉징수 파면, 형조판서까지 지냈으나 장형(杖刑)당함.

126 이주국*

인동忍冬의 홍송紅松처럼
활을 쏘던 춘당대春塘臺

석벽石壁으로 메운
남당南塘습지 성곽 터

명궁사 조선통신사 되어
바다를 다녀오다.

---

* 제126대 이주국(李柱國) 전주 / 덕천군파.
  120대 이윤성통제사와 번갈아가며 군부 요직을 수차례 역임.

127 이한응*

진상한 전복全鰒 맛이 상해
체포된 주사舟師

청어靑魚가 잘다하여
또 다시 잡혀가고

생선生鮮이 크고 작아도
내 할 일은 해방海防 등대.

---

* 제127대 이한응(李漢膺) 덕수 / 이순신장군의 후손.
  진상한 전복이 상했다는 이유로 파면

128 이국현*

패류貝類독소毒素 사망사건으로
전복진상 중지中止

운주당 사이길
장원홍예문牆垣紅霓門길 트고

바람이 불 때마다 더욱
휘날리는 통수기統帥旗!

---

* 제128대 이국현(李國賢) 전주 / 덕흥대원군파.

129 장지항*

아무도 참배參拜하지
않던 사도세자능思悼世子陵

임금이 바뀌자
줄지은 참배參拜행렬行列

통수統帥의 바쁜 업무로
못 간 참배길 그길로 장살杖殺!

* 제129대 장지항(張志恒) 인동 / 사도세자능 참배불참으로 유배, 시파 무고 장살됨.

130 원중회*

북문루 삼전루
모두 고치고 다시 짓고

생활배수와 바다흐름도
면밀히 점검點檢하고

병기兵器와 군장을 손보고
살펴보는 물 건너 소식.

---

* 제130대 원중회(元重會) 원주 / 배수시설점검 장계에 이름없이 성만 기재 파면

131 조제태*

신용금고信用金庫 만들어
농어민農漁民을 구제救濟하고

시파時派와 벽파사이
침몰沈沒하지 않는 군선軍船

북소리 더 높이는 바다
배부르게 노를 젓네.

* 제131대 조제태(趙濟泰) 평양

132 구현겸*

곡식穀食을 빌려주고
화포청을 다시 짓다

모곡耗穀 환곡還穀 잘 살펴
편하게 산 농어민農漁民

한퇴재 백우정사 앞
말없이 선 돌비석 하나.

* 제132대 구현겸(具顯謙) 능성 / 영조의 사돈. 대를 이어 통제사 재임.

133 조 완*

영조가 승하하자
불이 난 통제영 백화당

참배기회도 얻지 못한
서울 경모궁景慕宮

죽어간 임금앞으로
줄 세우는 파직 장군.

---

* 第133대 조완(趙岏) 평양 / 영조사망, 정조즉위. 즉위직후 파면

134 이방수*

자비自費로 마무리한
거제도 하천河川 공사工事

분납分納으로 바꾼
욕지도 원능 향나무 숲

전국의 봉수대를 살펴
점검한 통신수단.

---

* 제134대 이방수(李邦綏) 전의 / 아들 이윤국이 자비로 거제도 인공하천 조성 공사 벌임.

135 이창운*

어염魚鹽과 미역밭
개발하고 줄여 준 균역

판옥선板屋船 만들 나무조차
없는 민둥산 상소上訴

텅텅빈 해방海防어구漁區에
빈 배 한 척 두둥실.

* 제135대 이창운(李昌運) 함평 / 균역법폐지주장, 어염미역밭관리(수산업)운영

136 이경무*

북영北營주둔 명령과
정조의 황단皇壇행차

건강상의 이유로
불참한 해방海防 주사舟師

명부에 삭제된 이름 석 자
부유浮游하는 한 바다.

---

* 第136대 이경무(李敬懋) 전주 / 형조판서 역임.

137 서유대*

세병관 현판을
손수 쓰서 달았네

주악奏樂도 울리고
화포火砲도 쏘아대며

일본도 숨죽이고 바라본
조선 통신사의 위용威容.

---

* 제137대 서유대(徐有大) 달성 / 서예의 대가(大家)

138 구명겸*

소금 전매권專賣權 확보確保한
각리権利 수장首將되고

상계군 지지하다
효시된 무장武將가문家門

통제영 푸른 물결위로
떠 다니는 동백 한송이.

---

* 제138대 구명겸(具明謙) 능성 / 상계군사건으로 참수 당함.

139 이한창*

승무당 건립하고
중수한 수항루受降樓에 서서

덕수德修 이공李公 5인의
공덕비를 바라보니

대대로 지켜온 바다위로
날고 있는 통영연統營鳶.

* 제139대 이한창(李漢昌) 덕수 / 통영에 덕수이씨 후손 통제사 공적비(5인)가 있음.

140 이방일*

강구안江口內 좌변내장左邊內裝
튼튼하게 쌓아 놓고

남망산 열무정 올라
활을 쏘다 돌아보니

바닷가 바둑판처럼
기도祈禱 하는 무녀巫女들!

---

* 제140대 이방일(李邦一) 전의 / 1785년 천주교조선교회 건립. 북경에서 종교서적 수입금지령

141 김영수*

손수 쓰고 다시 만들어
걸어 놓은 제승당制勝堂 현판懸板

농어민農漁民을 가족같이
섬주민을 도와서

충렬사 타루비墮淚碑에 새겨진 글자
눈물에 씻겨 뭉개졌네.

---

* 제141대 김영수(金永綬) 안동 / 통제사 근무 중 순직

142 류진항*

취고수청吹鼓手廳 고쳐 짓고
선상船上 대무隊舞 매화지

바다에 수기帥旗와 영기令旗
휘날리는 태평성대太平聖代

통제영統制營 삼현육갑 크게 울려
한 바다에 퍼지다.

---

* 제142대 류진항(柳鎭恒) 진주 / 통제영 함선에 기녀를 동석하고 연회를 자주 열어 조정에 보고됨.

143 조심태*

수원성 축성공로
다시 찾은 원문성

미륵산 봉수대 올라
지펴보는 봉화烽火

삼도를 넘보던 왜적
꽂게 되어 숨었다.

* 第143대 조심태(趙心泰) 평양 / 통영서 태어난 조경통제사의 아들. 수원성조성공사 공로자.

144 이한풍*

계절季節에 맞게 감면減免 시킨
한산도閑山島 둔세屯稅

섬향고贍餉庫 설치하여
돌봐 준 농어민農漁民

전시戰時는 6대조 이순신李舜臣
평시平時는 손자 이한풍.

---

* 제144대 이한풍(李漢豊) 덕수 / 5대 이은 통제사 가문.
궁술, 검법, 서예의 대가

145 신응주*

둔세곡으로 관원들의
봉급俸給도 보태고

등나무 닥나무 껍질
납품納品시 세금 감면減免

주민이 세운 생사당生祠堂
헐어 버린 사헌부司憲府.

* 제145대 신응주(申膺周) 평산

146 이윤경*

강구안 좌우左右 석주石柱
마부청도 신설新設하고

묵은 밭 개간하여
마련한 군량미軍糧米

서울로 통영부채 보내지 않아
체포당한 통제사.

---

* 제146대 이윤경(李潤慶) 전의 / 매년 단오절마다 올리는 통영부채를 올리지 않아 파면징계. 사후 청백리피선.

147 신대현*

분명루 중건한
신립申砬장군 7대 손

성곽 도로 개축과
군정軍政개혁 상소한

병무兵務에 평생을 바친
평산 출신 대장부.

* 第147대 신대현(申大顯) 평산 / 형조판서 역임

148 이득제*

종이 제작소製作所에
상임소장을 뽑아 넣다

둔토屯土 확장시키고
분료정도 새로 짓고

무예를 단련시키며
이겨낸 시파, 벽파의 파도.

---

* 제148대 이득제(李得濟) 전주 / 효령대군파. 3대 이은 통제사가문. 통제영둔토확장

149 윤득규*

동래 용당포에 표류한
서양西洋 상선商船을

순풍順風을 기다려
안내한 일본 장기도長崎島

전선戰船에 동력動力이 없음을
재차再次 상소上訴하였다.

---

* 제149대 윤득규(尹得逵) 해평 / 용당포 앞바다 표류한 서양상선 납포 조사 후 돌려보냄.

150 임 률*

방죽을 만들어
둔전屯田 설치設置한 고성固城 당동

거듭 상소上訴한
이무와 둔전屯田의 폐단弊端들

바다와 육지陸地전지역에
불어오는 천주교天主教 바람.

---

* 제150대 임률(任律) 풍천 / 통영의 이무와 둔전 폐단 상소

151 이인수*

조선 총융사를 겸임兼任한
삼도 수군통제사

영내營內의 많은 청사를
다시 고쳐 짓고

충렬사 동백나무가
더욱 붉게 물들다.

* 제151대 이인수(李仁秀) 덕수 / 통제사와 중앙 군부 총융사 겸임.

152 이윤겸*

별기대를 가설하여
기동력을 높이고

포병교관 백오십명
헌병 육십명 순찰

취고수 일 백 명 군악軍樂속에
출동 작전 준비완료.

* 第152대 이윤겸(李潤謙) 전의 이씨 대사성공파 통제사 가문 13인 중 1인.

153 류효원*

왜선을 납포하고
홍경래 난을 진압

두명의 비장飛將을
재배치한 원문성 경계

과도한 반란군진압으로
공과상반功過相半 되었네.

* 제153대 류효원(柳孝源) 진주 / 왜선납포 조사. 홍경래난 진압참전

154 이 당*

거북선의 실체를
임금께 보고하다

거제도에 조선소를 만들어
절약한 군비軍費

아직도 왜놈 잡는 기계
거북선을 띄우다.

---

* 제154대 이당(李溏) 전주 / 덕흥대원군파.
임금께 통영의 상황 거북선의 실체 소상히 보고.

155 신대영*

뚝사纛祠를 다시 짓고
뚝제纛祭를 모시다

72종의 나무껍질
마른 과일 채려놓고

서문골 뚝지 먼당에서
울려 퍼지는 세피리 소리.

* 제155대 신대영(申大偀) 평산 / 만기근무후 1년간 유임근무

156 오재광*

땅굴 파고 화약 투입
폭파시킨 정주성

참다 못한 농민들이
봉기한 홍경래난

평안도 서민들의 피가
바다로 흘러가다.

---

* 제156대 오재광(吳載光) 해주 / 119대 통제사의 아들.
  통제사 재임시 홍경래난 발발.

157 조 계*

착량교 가설하고
부임한지 2개월

세병관 앞 뜰에
낙화落花한 정월 동백

꽃잎은 봉오리 채로
흩어지지 않았다.

* 제157대 조계(趙啓) 풍양 / 통제사 부임 2개월 만에 순직

158 서영보*

하동, 사포에도
선창이전 계획하고

절색으로 물들인
세병관 단청 처마

사포蛇浦에 선창도 완성하여
백성들을 살게 하다.

---

* 제158대 서영보(徐偀輔) 대구/ 하동, 곤양군 사포 섬진강 포구에 선창 이전 장계

159 신홍주*

강구안 목책 보수비를
확보한 덕장德將

홍경래 난리 중에
임명된 정주목사

노련한 무장의 공로功勞
왕도 의지한 통제사.

---

* 제159대 신홍주(申鴻周) 평산 / 3대로 이은 통제사 가문.
홍경래난 진압참전. 병조참판 역임.

160 서춘보*

반란군叛亂軍이 쏘지 못한
청덕淸德순치順治 수장首將

무신으로 맡기 힘든
흉년지방의 위유사慰諭使

유근당惟謹堂 손수지은 이름
무예武藝 또한 고수高手였다.

* 제160대 서춘보(徐春輔) 달성 / 홍경래 반란 시 그 지역 정주목사로서 참전.

161 오의상*

곡산 농민 홍경래 난亂을
겪고 나서

평안병사 근무 중
청나라 귀순한 통역

통제영 바다로 돌아와
일 년 만에 숨을 거두다.

* 제161대 오의상(吳毅常) 해주 / 곡산폭동사건진압.
통제사 재임시 순직

162 신 경*

스물둘에 무과 급제한
갑오생 군관軍官

봉산군수로 시작하여
각도병마사 근무

멀미도 참아내면서
해풍海風 속으로 뚫은 불화살.

---

* 제162대 신경(申絅) 평산

163 박기풍*

비 상근 근무지로
재가再加 얻은 남촌별장

정주성 민란 진압을
지체하여 탄핵

백성을 감히 치지 못하는
민주적 착한 군수軍帥.

* 제163대 박기풍(朴基豊) 밀양 / 홍경래난시 진압을 지체하여 징계 받음.

164 조화석*

선적船積 해상海上 운송運送에
남다른 능력의 주사舟師

제주도 물자物資운송運送
안전책임자로 진급進級

이백년 그 이전에도
안전安全했던 팽목항.

---

* 第164대 조화석(趙華錫) 평양 / 선적 운송에 관한 전문가

165 이석구*

주전골 폐단弊端을
암행어사는 상소하고

조폐제작 환전換錢 결함缺陷으로
직위해제職位解除

천척루千尺樓 누각위에서
활을 쏘든 왕실 후손.

* 제165대 이석구(李石求) 전주 / 효령대군파.
통영지역 환전에 관한 폐단 지적

166 이유수*

27세의 나이로
무과武科 3위로 급제及第하고

한성부판윤을 두 번이나
역임歷任한 무장武將

봄날에 세병관 와서
만 2년 채우고 떠난 바닷가.

* 제166대 이유수(李惟秀) 덕수 / 공조판서. 한성부판윤 2회 역임

167 김 영*

화재火災로 집 소실燒失된
서민庶民에게 벌목伐木 허가許可

묘당은 경계 미준수로
삭직削職을 내려

백성은 선善한 마음을
돌에 그린 덤바우비碑.

* 제167대 김영(金煐) 해풍 / 벌목 허가로 인하여 처벌받음.

168 이항권*

착량묘 영구永久보존保存
대책對策을 강구講究하고

후학교육에도 힘쓴
충렬사忠烈祠 동東－서재西齋 건립

8대로 노력한 정성精誠모인
충렬忠烈서재書齋의 대숲.

---

* 제168대 이항권(李恒權) 덕수 / 5대 이은 통제사가문. 군무에만 충실.

169 류화원*

이순신李舜臣 장군
제사祭祀에 대한 칙령勅令 받고

잊을 수 없는 청백리로
비碑 세운 농어민農漁民

통제영 앞바다가 모두
화원花園같이 빛났다.

---

* 第169대 류화원(柳和源) 진주 / 3대 통제사가문.
  이순신장군 제사에 관한 순조 칙령 받음.

170 이완식*

심한 폭우暴雨와 태풍颱風
피해 돌본 농어민農漁民

왕이 죽고 새 왕 즉위하는
태풍颱風 속에도

튼튼한 전함戰艦을 수리修理하고
훈련訓練시킨 명장名將.

* 제170대 이완식(李完植) 전의 / 심한 폭우 우박피해 농어민구제.

171 임성고*

봉급俸給 털어 병선兵船 수리하니
견고한 해방海防

손잡고 단합團合하여
홍경래 난도 평정

두해를 세병관에서 칼을 씻다가
다시 달려간 북병사北兵使.

---

* 제171대 임성고(任聖皐) 풍천 / 대를 이어 통제사 지냄.
통제사 재임시 순조사망. 헌종즉위.

172 이정회*

세금감면 특혜特惠 준
피폐지역 농어민農漁民

무공 발휘한 곽산 전투
뚜렷한 전공戰功

해방海防의 최선最先전략戰略은
단결團結밖에 없었다.

---

* 제172대 이정회(李鼎會) 전주 / 계성군파.
  통영지역 피폐에 관해 임금이 특별히 불러 조치토록 함.

173 이승권*

시서詩書도 강의講義한
충렬사 뜰 안 강한루

춘조장계 기일 넘겨
김기찬의 탄핵상소

통제영統制營 충렬 동백은
여름에 떨어지지 않는다.

* 제173대 이승권(李升權) 덕수 / 암행어사 장계로 파직

174 이응식*

대대代代로 이어온
곤수閫帥의 무반가문

홍예문도 중수하고
아들 다섯 무과급제

고금도古今島 위리안치 형전刑典
숨 거둔 78세 수장水將.

* 第174대 이응식(李應植) 전의 / 13명의 통제사가문.
  충청도수군절도사 아들 임소에서 사망.

175 허 계*

부채負債를 삭감削減해 주니
잊지 못하는 농어민農漁民

남문루 중수하고
준설공사에 세운 큰 공功

한번 더 부임赴任하기를
기다려도 오지 않았다.

---

* 제175대 허계(許棨) 양천 / 군사시설 전문가. 한성부판윤. 공조판서 2회. 형조판서 역임.

176 백은진*

중국中國의 패전敗戰 소식을
전傳한 아편전쟁阿片戰爭

아직도 동력動力 전선戰船을
가지지 못한 조선朝鮮

돛대와 레이다 달린 군함軍艦과
어찌 싸울 것인가?

---

* 第176대 백은진(白殷鎭) 수원 / 중국 청나라와 영국의 아편전쟁 중국패전.

177 서상오*

영국 미국 프랑스
독일에 무릎 꿇은 중국

청清은 뒤늦게
조선소造船所 만들어 군함軍艦개조

정세를 모르는 조선朝鮮조정朝政은
통제사만 괴롭히네.

* 제177대 서상오(徐相五) / 대구

178 김 건*

귀양살이 9년
조석여의 탄핵상소

세계를 누비는
일본해군의 항공모함航空母艦

돛달고 유배지로 근근
기러기 나는 세월歲月.

* 제178대 김건(金鍵) 해풍 / 파직원인 불분명. 헌종사망.

179 류기상*

요절夭折하는 임금은
계속 늘어만 가고

돛폭은 내려 앉고
빈 돛대만 우뚝 섰네

철선鐵船을 띄우는 군사대국軍事大國
일본을 어찌하랴?

* 제179대 류기상(柳基常) 문화 / 철종즉위

180 이응서*

임금이 된 강화도령
에워 싼 서구西歐 열강列强

이제 조선수군은
이순신 함대가 아니다

목선木船과 구축함대驅逐艦隊의 접전接戰
상어 앞에 도다리.

* 제180대 이응서(李膺緖) 함평 / 철종 친정시작

181 이규철*

빗발치는 암행어사暗行御史의
탄핵彈劾 상소上訴들

조선 수군은
바람 앞에 선 등불이다

삼백년 지켜온 바다의 땅
적선賊船의 선창船倉되다.

---

* 제181대 이규철(李圭徹) 전주 / 무림군파. 공조, 형조, 병조 판서를 각각 역임.

182 김한철*

꽃피는 4월 부임하여
한 여름에 순직殉職

아! 할 일은 태산泰山
무너지는 해방海防의 목책木柵

부산釜山에 주둔駐屯 시키는
일본의 구축함대驅逐艦隊.

---

* 第182대 김한철(金翰喆) 해풍 / 대를 이어 통제사 역임. 재임중 순직

183 이희경*

군사시설軍事施設 점검點檢하며
바친 한평생

멈추지 않는 서구西歐 바람
터지면 전쟁戰爭

곳곳에 진지陣地구축構築하다
과로사過勞死하는 통제사.

---

* 제183대 이희경(李凞絅) 전의 / 통제사가문. 군사시설보수 전문가. 공조판서 재임 중 과로사

184 류상정*

무반가문의 명장도
탄탄한 출세 길도

소용돌이 속의 바다 위
떠다니는 판옥선板屋船

조선의 목숨 받혀 지켜온 바다
그 위로 뜬 먹구름.

---

* 제184대 류상정(柳相鼎) 진주 / 대를 이어 통제사역임. 유배 후 기록 없음.

185 임태영*

임술~진주민란
서서히 다가오는 전운戰雲

군부軍部의 실세實勢로
큰 칼 휘두르고 지휘하다

어떻게 지켜온 바다냐?
여기서 내 줄 수는 없다.

* 제185대 임태영(任泰瑛) 풍천 / 3대 이은 통제사가문.
경복궁중건에 참여. 최제우 득도

186 심락신*

포도대장 어영대장
총융사도 마치고

통제사 부임하여
재임 중 숨을 거두다

바다를 두고 이 통일 바다를
그냥 두고 가시다니.

---

* 제186대 심락신(沈樂臣) 청송 / 통제사 재임시 순직

187 이경순(개명 이경우)*

반관숙정 진주 민란民亂
드디어 터지다

만백성萬百姓의 희망希望
부국강병富國强兵 저버리고

뒤늦은 새 군함軍艦 조선造船
무동력으로 뜬 돛단배.

* 제187대 이경순(李景純) 전주 / 효령대군파. 4대 통제사 배출한 가문. 새 군함건조

188 신관호*

수리포水雷砲 연구研究 제작
농업農業서적書籍도 저술著述

강화도조약
조미수호조약 조선朝鮮 개항開港

농민은 30개 지역에서
저항抵抗하며 봉기蜂起하다.

* 제188대 신관호(申觀浩) 평산 / 진주민란. 최제우 처형.
수리포 제작 연구. 다수 저서 남김.

189 정규응(개명 정하응)*

계속되는 이양선異樣船 출몰
사태事態파악把握

전함戰艦과 군기軍器를
수리修理 감독監督한 강화도

고성固城을 이읍 추진중
순직殉職한 통영統營바다.

* 제189대 정규응(鄭圭應) 동래 / 철종33세로 사망. 12세의 고종 즉위.

190 이봉주(개명 이재봉)*

지세포 지역민
태풍피해颱風被害 자비自費구제救濟

때늦은 수군水軍 제도
개편改編 상소하다

농민군農民軍 동학도東學徒되어
휩쓸고 떨어진 녹두꽃.

---

* 第190대 이봉주(李鳳周) 전주 / 통제영제도개편 상소. 공조판서역임. 병인양요. 이재봉(李載鳳)으로 개명.

191 김 건*

문호개방을 요구하며
에워싸는 한반도

세계를 누비는
일본해군의 항공모함航空母艦

돛달고 유배지로 근근
기러기 나는 세월.

---

* 제191대 김건(金鍵) 해풍 / 제178대 중임. 병인박해, 병인양요 이후 잦은 서양 함대 출몰. 형조판서 역임.

192 이현직*

진주민란 호적戶籍명부名簿
농간弄奸한 고성固城민란民亂

메이지유신 시작하는
일본의 파병派兵 분위기

통영과 고성을 통합 관리하려다
순직殉職하다.

---

* 제192대 이현직(李顯稷) 경주 / 고성민란. 이필제의 난. 신미양요.
  공조판서 경복궁 중건감독.

193 정규응(개명 정하응)*

계속되는 이양선異樣船출몰
사태事態파악把握

전함戰艦과 군기軍器를
수리修理 감독監督한 강화도

고성固城을 이읍 추진중
순직殉職한 통영統營바다.

---

* 第193대 정규응(鄭圭應) 동래 / 第189대 중임.
고성읍 이전에 관한 안건. 재해구제 활동. 재임시 순직

194 채동권*

넓게 고쳐 만든
통제영 남문 시장

정국소요 신미양요
이탈離脫하는 지자체

민주적 현관賢官이 되려고
애쓰다 유배길.

* 제194대 채동건(蔡東健) 평강 / 광양현감 불복종사건, 신미양요 후 정국소요. 고종친정 시작.

195 이주철*

논란이 된 고성읍
결국 이읍移邑하다

흉년凶年 겪는 농어민農漁民
통제영 군량미軍糧米를 풀다

지방민地方民 이읍移邑 비용費用을
무이자無利子로 대출貸出해 주다.

* 제195대 이주철(李周喆) 전주 / 고성 이읍. 한성부판윤과 총융사 근무시 강화도 방비제도 개선.

196 권용섭*

부산에서 함포艦砲 시위示威한
일본日本함대艦隊 두 척

영흥만까지 북상北上하며
거드름을 피우네

군량미軍糧米 부족不足사건事件으로
징계 받고 행방行方묘연杳然.

---

* 제196대 권용섭(權容燮) 안동 / 일본함대 부산항 입항 함포시위.

197 이종승*

강화도 조약이후
책임진 해안 방어

제물포 일본군에게
빼앗긴 그의 사저私邸

이제는 통제영統制營 마저도
바람 앞에 모닥불.

---

* 제197대 이종승(李鐘承) 전주 / 1876년 병자수호조약(한일수호조약, 강화도조약)체결. 일본에 개항.

198 신환*

외세外勢는 밀려오고
도탄塗炭에 빠진 농어민農漁民

각처各處 구호물자救護物資 모집하여
땟거리만 해결解決

특별한 과오過誤도 없는데
위리안치 바다로 떠나네.

---

* 제198대 신환(申桓) 평산 / 불리한 정세에 백성들은 더 궁핍해짐. 통영인 김상종 1천석 기부.

199 이규석*

해방海防은 뚫리는데
공방工房 물건 수요需要 늘고

장부와 맞지 않는
재고在庫로 파직 된다

통제사 본연本然의 임무任務는
파도타고 떠도네.

---

* 제199대 이규석(李奎奭) 덕수 / 통제영장부감사. 1차 김홍집내각 참여. 공조판서 역임.

200 정낙용*

일본 간섭干涉으로
군영軍營 개편改編과 별기군別技軍 창설創設

십년十年 채 남지 않은
한반도韓半島의 운명運命

작위爵位를 통제사한테 내리는
일본의 저의底意.

* 제200대 정낙용(鄭洛鎔) 영일 / 조선군영 개편. 별기군창설. 합방 후 일본 남작 작위 받음.

201 정기원*

통제사 부임赴任 두 달 만에
터진 임오군란壬午軍亂

주객主客이 전도顚倒되는 시간時間
아! 누구의 뜻인가?

통영은 바람만 닿는 객사客舍
급한 곳 강화도 방어防禦.

---

* 제201대 정기원(鄭岐源) 영일 / 임오군란 발발, 조미수호조약.

202 이원회*

군부실세로 구성된
일본군사 시찰단視察團

농어민農漁民만 탄압彈壓하고
강점强占당한 거문도

외세外勢에 탈취奪取당하는 바다 섬
진압鎭壓당하는 동학군東學軍.

---

* 제202대 이원회(李元會) 광주 / 갑오농민전쟁. 일본 군대시찰.
[저서] 일본육군조전4권.

203 정운익*

강화도 삼문三門 섬돌
무너진 대포大砲 공격攻擊

흩어진 삼문三門돌
위에서 활을 쏘니

수백명 비적들 따라
국경國境 넘는 소 두 마리.

* 제203대 정운익(鄭雲翼) 영일

204 이규안*

곡물穀物 실은 배도 전복顚覆
불안한 국내國內 정세

예절교육禮節教育 철저히 시킨
통제영統制營내 젊은 이

풍전風前에 등불을 안고
다스린 후세교육.

---

* 제204대 이규안(李奎顔) 덕수 / 통제사가문.
통제사에서 한성부 판윤으로 전근

205 민경호*

갑산부 여관旅館에서
살인殺人 저지른 외국인外國人

사방팔방 불어오는
피할 수 없는 태풍

방파제防波堤 부여잡고서
외쳐보는 출사표.

---

* 제205대 민경호(閔敬鎬) 여흥

206 정기택*

별군직으로 참예한
고종 태묘 하향대제

기우는 나라에
두루 맡아본 요직要職

태풍은 정부를 이반하고
더욱 거세지는 민심民心.

---

* 제206대 정기택(鄭騏澤) 영일 / 신 군부 육군참장 역임

207 민형식(개명 민긍식)*

영남嶺南의 광산개발
관리管理를 맡은 군부軍部

갑오경쟁 수립된
김홍집 내각內閣에

녹도로 유배길 가다가
다시 길을 돌린다.

---

* 제207대 민형식(閔炯植) 여흥 / 고종이 영남의 광산개발을 관리토록 함. 합방 후 일본남작 작위 받음.

208 민영옥*

청일전쟁淸日戰爭 무장봉기武裝蜂起한
고부의 전봉준全琫準

전세戰勢를 몰아
진압에 투입되는 일본군

추풍秋風에 낙엽落葉마저도
조선 들녘을 덮는다.

---

* 제208대 민영옥(閔泳玉) 여흥 / 전봉준 무장봉기. 청일전쟁 일본승리.

209 마지막 통제사 홍남주*

을미乙未년 춘삼월春三月 녹두꽃이 떨어지다
삼도三道 통제영統制營 폐지를
반포한 고종高宗과 묘당廟堂
한해를 더 버티다 자결自決한 지과止戈문 돌계단.

내 죽어 일본이 다시 쳐 들어와도
하나로 지킨 바다 둘로 나눌 수 없다.
바다도 하늘과 땅도
오직 하나 뿐인 이 나라.

* 제209대 홍남주(洪南周) 풍산 / 김해민란. 동학혁명군 퇴각. 1895년 3월 전봉준 사형. 마지막 조선삼도수군통제사, 통제영 폐영 순직하다. 1895년(을미년. 7월 15일) 고종32년, 칙령제139호에 의거[삼도통제영폐지건]과 칙령140호[각도병령수영폐지건]과 칙령142호[각진보폐지건]과 칙령143호[감목관폐지건]이 모두 재가되어 반포하다.

시조시집 "통일의 바다" 서평

李蓮智 교수

"통일의 바다"는 1592년 일본이 조선을 침략했을 때 조선수군 제1대 통제사 이순신李舜臣장군부터 조선수군통제영이 폐영된 1895년 마지막 통제사 홍남주 장군까지 303년의 역사를 한편의 대 서사시로 쓴 이국민李國旼의 시조時調시집詩集의 제목이다. 작가 이국민(이하 李詩人)은 이 시집을 통하여 한반도의 통일의 중요성을 바다를 통하여 이루고자 하는 열정이 누구보다도 강렬하고 사무쳐 있음을 나타내고 있다. 통일된 조국의 통일된 바다야말로 우리 민족의 살 길이며 우리들이 실현시켜야 할 이순신과의 약속임을 누누이 역설하며 긴 서사시의 맥을 끝까지 이어나간다.

－중략－

내가 죽은 곳은 노량바다가 아니다

차라리 숨기고자 살아서 욕될 목숨
동짓달 지킨 새벽바다 하나뿐인 이 약속約束.

<제1대 이순신>

즉 말해서 통일의 바다는 순국한 이순신과 우리 민족과 무언의 약속이 되는 셈이다.

이 약속을 지키기 위해서 이순신李舜臣은 424년전 한국 남해노량 앞바다에서 왜적을 쳐부수다 죽은 것이 아니라 아직도 우리 민족의 가슴속에 약속의 날(통일된 바다)을 기다리며 살아있다는 것이다.

또한 이시인은 통치권자의 잘못된 명령이 많은 국민을 주검으로 몰아넣어 시대적 군주의 착오를 특별히 경계했다. 아직도 지휘자의 잘못이 국민의 피해로 이어지는 사고에 대한 고찰을 제2대 통제사 원균에 대한 시조에서도 역력히 볼 수 있다.

-중략-
오판한 명령이 죽인 삼만三萬명名의 젊음~
-중략-
듣지 않은 수부水夫의 외침.

<제2대 원균>

그렇게 산화한 젊은 백성들의 죽음을 기억하거나 추모

하거나 하는 일도 적어 애달파하고 죽음에 대한 보상 또한 없음을 이시인은 시로써 나타내고 있다.

이 시집은 바다에 대한 염원이므로 특히 태풍에 대한 싯구가 많다 그러나 이 태풍은 기상의 태풍이기도 하고 특히 정치 당쟁의 소용돌이에 많이 비유하였다. 사화士禍는 "사림士林의 화禍"의 준말이다. 이시인은 이 사화를 지키고자 하는 바다의 태풍에 많이 비유하였다. 유명한 한국의 사라호(Sarah 태풍颱風 1959년)태풍을 연상시킨다. 이 당쟁에 의해 잡혀가서 옥사한 통제사도 적지 않다. 통일 바다를 지키는 통제사들의 한스러운 역사를 이시인은 시조로 읊고 있다. 오직하였으면 돌이 되어 바다를 지킨다 라고 할 정도였다.

사화士禍 태풍 때마다 죽어나간 통제사
파도는 아랑곳 없이 방파제를 부순다
차라리 돌벅수로 남아 동남 바다 지키네.

<제77대 류성추>

－전략－
첫눈 맞으며 부임 얼음 녹기 전에 떠나네
돌벅수 앞에 술잔 따르고 봄꽃 따라 훌훌 떠나네.

<제78대 원덕휘>

한 겨울에 부임하여 정변政變에 따라 봄도 오기 전에 이임해야 하는 통제사들이 차고 찬 바다를 지켜내기란 그리 쉽지 않았다. 이시인은 일제日帝가 다시 한반도를 넘어다 볼 계기를 준 것이라고 생각했다. 거기다가 이제는 하나의 바다도 아닌 분단된 바다를 가지고 있다고 개탄한다.

왜란倭亂보다 더 험한 남북 내란內亂 속에
칼끝은 동족同族 향해 내려치고 있다
한바다 지키려 해도 밀려드는 일만 파도波濤.

<제20대 이수일>

통일의 바다는 내분이나 내란 속에서 이루어지지 않는 것임을 이시인은 시조로 말한다. 또한 조선 역사가 바다로 향한 전진이 아닌 후퇴였음을 80대 통제사의 시조 종장에서 여실히 보여 준다.

−중략−
판옥선板屋船 방향키를 거꾸로 돌려 놓은
역사歷史의 누명陋名.

또한 이시인은 36대 변사기邊士紀* 통제사의 명단名單 삽입揷入을 통하여 역사적 사실을 더하거나 감하지 않고 사실은 사실대로 기록에 남기기를 원했다.

—중략—

역사는 내 몸과 이름
돌에 묶어 수장水葬 시켜 버렸네.

<제36대 변사기>

조선삼도수군통제사는 209대까지 197명의 통제사가 부임하였다. 12명은 재再부임赴任받았고, 13명의 통제사가 순직하였다. 이시인은 부임하자마자 순직한 통제사의 운명도 애달파하였다.

—중략—

춘삼월春三月 도착한 세병관
다시 못 보는 잔인한 4월.

<제96대 신익하>

303년 동안(제1대 이순신통제사~ 제209대 홍남주통제사) 197명의 통제사들이 통제한 한반도의 바다는 정변의 태풍 속에서도 무진 애를 썼다. 그러나 물 건너 일본의 재침략 전쟁준비는 차질없이 진행되었다.

—중략—

물 건너 왜적은 선박船舶가득 무기 사들이고
우리는 우리끼리 싸우다 떠나보낸 세월 바다.

<제97대 남태징>

이시인은 조선이 사색당파의 분쟁을 일삼을 때 물 건너 왜구는 치밀한 전쟁준비와 국방에 심혈을 기우렸다는 것이며 왜적이 철선鐵船을 조선造船할 때 우리의 현실은 어떠했는지 아래 시조가 보여준다.

—중략—
판옥선板屋船만들 나무 조차 없는 민둥산~
텅텅빈 해방海防 어구漁區에 빈 배 한척 두둥실.

<135대 이창운>

우리의 현실은 민둥산에 군함 하나 제대로 만들 목재 구하기도 힘들었고 그에 대한 대책 또한 가지지 못했다. 즉 준비 없고 발전 없는 해양 국가의 앞날은 불을 보듯 뻔한 현실을 맞는다는 역사적 사실을 거울 삼아 철저히 준비하고 철저히 대비하여야만 통일된 조국 통일된 바다를 가질 수 있는 민족이 될 수 있다는 뜻이다. 전반적으로 이 시인의 시는 바다수호와 해양국가로서의 발전을 노래했다. 그렇지 못했다면 그 한과 아쉬움을 시에 담았다.

303년간 해양수호의 일익을 담당했던 통제사의 한을 빌어 통일된 바다와 미래를 부르짖고 있다. 자유시가 아닌 민족 정형시定型詩인 시조를 빌어 서사적으로 이 시집을 완성하였다.

이 글에 나타난 통제사의 명단이나 업적 또한 한국학중앙연구원 규장각의 자료와 부합되며 이를 고증하는 작업도 진행되었다는 사실도 밝혀 둔다. 역사와 후세 통일교육에 덕이 되는 한국초유의 바다 서사시조시집의 탄생은 한국 국민의 한 사람으로서 특별히 기뻐할 만한 일임을 말씀드릴 수 있을 것이다.

* 이 글의 저자 이국민은 조선삼도수군통제사의 통영의 기존명단에 208대 통제사까지 기록되어 있으나 제36대 변사기 통제사(재임기간 1648년4월~1649년11월)의 조선왕조실록[효종1권, 즉위년1649, 기축(己丑)/청(淸)순치(順治) 6년 7월 16일 계유(癸酉)2번째 기사문] 기록에 따라 209대로 정리한 바 있다.

时调诗集“统一的海洋”书评

≪统一的海洋≫是一本以1592年日本侵略朝鲜为时代背景，叙述了第一代水军统制使李舜臣将军到1895年朝鲜水军统制营闭营前最后一位统制使洪南周将军共303年的浩瀚历的史诗时调诗集。本书作者李国旼(以下称为李诗人)通过这本诗集强烈地表达了朝鲜半岛统一的重要性是通过海洋来体现的主张。即祖国的统一等于海洋的统一。统一海洋是韩半岛民族的出路，也是在历史的长河中信守本民族与李舜臣将军之间的承诺的唯一方式。

中略 我的葬身之处不是在露梁的海上
宁愿是逃避后苟活被辱骂的一条命
这是在冬至清晨给这片海的一个承诺

如上述所示，统一的海洋如同是殉国的李舜臣和我们民族之间无言的约定。

为了兑现与这片大海的承诺，李舜臣并未在424年前在隶属韩国南海的露梁海域抵御外敌殉国后离我们而去，而是在等待与我们之间的约定(海洋的统一)实现的那一天，因此在我们的心中长存。

另外李诗人还特别关注了因统制使的错误决策而让百姓成为尸骨现象背后的君主治国方针的时代局限性问题。

在本书中关于第二代统制使元均的文字中也能够鲜明体现出作者对该问题的关注。

中略~ 错误的命令让三万年轻的生命消逝
中略　无法听到的船夫的呐喊

在李诗人的作品中充满了对无辜牺牲的百姓的哀悼与缅怀之情。

本诗集的主题围绕海洋而展开，因此书中有很多与台风相关的内容。书中提到的台风一方面指自然气象的“台风”，另一方面也以“台风”来比喻当时政治上的党派争斗的漩涡。“士祸”是“士林之祸”的简称。在本书中，李诗人多次将“士祸”隐喻为在朝鲜半岛的大海上形成的台风，由“士祸”联想到了1959年形成的台风“萨拉”。在这场“士祸”中很多统制使被抓捕入狱。李诗人通过自己的诗歌，为毕生献身统一大业而蒙受冤屈的统制使鸣冤慨叹。

每次“士祸”的台风刮起统制使们就会面对死亡
波浪毫无顾忌地摧毁防波堤
还不如一个石揽桩尚能守护东南的这片海

前略
迎着初雪赴任寒冰尚未融化就要离开这里
在石揽桩前举起酒盏随着春花翩翩离去

在寒冬时节赴任，因“士祸”之灾在春天来临之前就不得不匆匆离任的统制使来说，守护这片寒冷而严酷的海洋绝非易事。李诗人认为这为日后日本帝国主义入侵朝鲜埋下了伏笔，慨叹这片海洋从统一最终被分裂的境地。

在比倭乱更险恶的南北部内乱中
刀尖刺向同族
想要守护这片大海却总是被这汹涌波涛阻挠

李诗人通过诗作表达了这片统一的海洋总是因为内乱和内部分裂不能够实现真正的统一的观点。另外也通过

80代统制使的时调诗集，有力地揭示了李氏朝鲜的历史不再向海洋前进而是在后退的事实。

> 历史之船的航向被逆转。

李诗人通过发现第36代统制使在任期间的士兵记录簿中存在兵士姓名被抹去的痕迹呼吁历史应更忠实于历史本身，不应被篡改。

> 历史随着我身体和名字一起葬身大海。≪第三十六代边士纪≫

朝鲜三道水军统制使共有209代，实际赴任的共有197名统制使。其中12名统制使是两次赴任，殉职的有13名。李诗人在诗作中表达了对刚赴任即不幸殉职的统制使的哀悼之情。

> 春日三月到达洗兵馆，今后无法再次看到的残忍的四月。

在303年期间(从第1代李舜臣统制使到第209代洪南周统制使)，197名统制使为了守护韩半岛的海洋统一，即便在政变的台风肆虐之际也依然鞠躬尽瘁。但是在海的另一边，日本正在有条不紊地做着再次发动战争的准备。

在海的另一边，外敌忙着造船造炮，
我们却每天自相斗争着度日。

李诗人通过如下的时调诗作描述了朝鲜限于政治党派纷争之时，海对岸的倭寇却倾尽全力做着周密的战争准备和国防部署，紧锣密鼓地造铁船的事实。

想造板屋船山上连一棵树也没有了
无人值守的海防，捕捞海域漂浮着一艘空空的渔船。

上述诗句揭示了当时朝鲜处于连制造板屋船的木材都难以找到，并对此束手无措的境地。昭示了毫无御敌准备，毫无发展的海洋国家的命运。

本诗作借着303年间以保卫海洋为使命的统制使留下的遗憾之情，表达了祈愿统一的海洋的未来更加美好的心愿。这正是作者为什么没有选择自由诗的体裁，而是选择了民族典型诗歌体裁——时调来写本书的原因。

本书也体现了李诗人对统制使相关名单和记录的相关资料，对韩国学中央研究院藏书阁中所收藏的史料进行了大量的考证工作。这本第一本以海洋为主题的史诗时调诗集，有益于下一代的历史教育，有益于教育下一代懂得海洋统一的可贵。